Martin Gutl

Ich begann zu suchen

Martin Gutl

Ich begann zu suchen

Texte der Hoffnung

Styria

CIP-Kurztitelaufnahme der Deutschen Bibliothek

Gutl, Martin:
Ich begann zu suchen: Texte d. Hoffnung /
Martin Gutl. – Graz, Wien, Köln : Styria, 1982
ISBN 3-222-11411-0

Printed in Austria
Umschlaggestaltung: H. Paar, Graz
Gesamtherstellung:
Druck- und Verlagshaus Styria, Graz
ISBN 3-222-11411-0

Inhalt

II. LEIDEN MÜSSEN

III. VERTRAUEN KÖNNEN

IV. BETEN

Ich wende mich an euch

Ihr sucht einen Halt.
Ihr möchtet frei bleiben.
Euch sind alle Welt-
und Menschenbilder zerbrochen.
Ihr vertraut auf Gott.
Ihr ringt mit der Kirche.
Ihr glaubt an eine Gemeinschaft aller Suchenden.
Ihr strebt nach geistiger Weite.

Ich bin mit euch unterwegs.

I
Fragen dürfen

Was sie suchen

Menschen suchen einen Menschen,
bei dem sie sich aussprechen können,
und finden nur einen Reporter,
der neugierig ist.
Andere suchen einen Führer
und finden einen Verführten.
Diese suchen einen Felsen
und finden nur Geröll.
Jene suchen einen Helden
und finden einen Feigling.
Allzu viele suchen in den anderen,
was in ihnen selber liegt.

Sisyphos

Wer will das Meer in einen Fingerhut schütten?
Wer will den Glauben in Lehrsätze pressen?
Wer will Vulkane mit einem Löschhorn bekämpfen?
Wer will mit Geboten die Liebe ordnen?
Wer will die Sonne durch eine Laterne verdrängen?
Wer will *Vertrauen* durch *Wissen* ersetzen?

Tradition

Warum trauen wir unserem Empfinden nicht?
Warum bauen wir lieber auf traditionelle Sätze
als auf die eigene Entdeckung?
Wozu hat uns Gott die Fähigkeit gegeben,
selbständig zu denken,
wenn wir alles nachplappern?
Macht das hohe Alter eines Irrtums
die Lüge zur Wahrheit?

Hiob

Der Todgeweihten die Hände reichen.
Wie sie so ineinander liegen,
die bleiche und die blutvolle Hand!
Zimmer, Blumen, Kerzen, Kreuz.
Menschen, an der Front
zwischen Diesseits und Jenseits.
Alles ballt sich zusammen zum Aufschrei.

Langgezogenes Schweigen der Ewigkeit.
Keine Antwort zu hören.
Zum wievielten Mal seufzt ein Mensch:
„Ich verstehe dich nicht, o Gott!
Ich beuge mich nur!“

Warum?

Eine Stunde lang
schrie der Patient:
„Mein Gott, warum hast du mich verlassen?"
Es kam keine Antwort.
Nur ein Arzt erschien
und dämpfte den Schmerz
mit einem Beruhigungsmittel.

Die letzten Worte

Nach jahrelanger Krankheit
zu Ende gelitten.
Sie umarmte den Vater
und sagte in einem fort:
„Mein Gott, mein Gott!“
Das waren die letzten Worte,
die der Vater
von seiner Tochter hörte.

Wenig später sagte sie
zur Krankenschwester:
„Danke!“
und starb.

Licht

Mit drei Jahren
sah sie
für Bruchteile von Sekunden.
zum letzten Mal das Licht.
Seitdem ist sie blind.
Morgen, Mittag, Abend,
alles bleibt Nacht.
Nur weit innen sieht sie ihr Licht,
ihren Gott.
So wurde sie fünfundachtzig
mit ihrem Glauben,
durch ihre Hoffnung,
in ihrer Liebe.

Auf dem letzten Weg

Das Keuchen der Träger,
das Ächzen der Seile,
das Versinken des Sarges,
das leise Weinen.
Der Angenagelte am Kreuz,
der vom Deckel des Sarges
zu mir heraufblickt.
Alles hat seine Sprache.

Im Tunnel

Der Fallschirm öffnet sich nicht.
Der Mann stürzt zu Boden.
Tot!
Das Gebet wurde nicht erhört.

Ich lese die Nachricht
im Zug vor dem Tunnel.
Ich fahre in die Dunkelheit
und wieder ins Licht.

Ich lege die Zeitung weg,
doch die Meldung bohrt in mir weiter.
Ich frage und frage.
Leben – sterben – leben.
Liebe – getrennt sein – lieben.
Licht – Dunkelheit – Licht.
Trauer – Wiedersehen – Freude.

Warum öffnete sich der Fallschirm nicht?
Die Frage kommt als Antwort wieder.
Warum?

Frage

Ob nicht Menschen,
die nur nach ihrer Vollkommenheit streben,
die Liebe verdrängen?
Ob nicht Menschen,
die alles zerlegen,
um nicht getäuscht zu werden,
doch der größten Täuschung erliegen?
Ob nicht Menschen,
die das Unfaßbare
nur denkend erkennen wollen,
eitel und überheblich werden?
Ob nicht Menschen,
die nur immer sich selbst suchen,
sich selbst verfehlen?

Und ob nicht Menschen,
die letzte Einsichten
nicht mit dem Verstand suchen,
sondern sich in Ehrfurcht
vor dem Geheimnis beugen,
eher den Weg zu Gott,
zu den Menschen,
zu ihrem Wesen finden?
Ob nicht Menschen,
die lieben und gütig sind,
eher die Fülle des Lebens erfahren?

Alternativen

Nörgeln
oder verbessern,
verzweifeln
oder Neues wagen,
verurteilen
oder aufmerksam zuhören,
sich selbst hassen
oder sich selbst annehmen,
herrschen
oder dienen,
alles laufen lassen
oder planen,
verdrängen
oder auf seine Gefühle eingehen,
stumm verbittern
oder offen über seine Probleme reden,
isoliert grübeln
oder miteinander Lösungen suchen.

Die bequemen Rebellen

Arrogant,
nervös,
allwissend
die Unsicherheit überspielen;
sich hinter allgemeinen Anschuldigungen
gegen die Institutionen verschanzen.

Von der Diskothek aus
die Welt regieren und verändern wollen.
Die Bequemlichkeit
zur göttlichen Tugend erheben.
Den Zigarettenrauch,
den blauen Dunst
zur einzig wahren Substanz erklären.

Wenn die Schlinge sich zusammenzieht,
nach Mutter Kirche
und Vater Staat
und nach dem lieben Gott
zu schreien beginnen.

Durch die Lektionen des Alltags
zu lernen beginnen.
Ja sagen können zum Lernprozeß des Lebens.
Den Haß gegen alle und alles
in ein sinnvolles Tun
verwandeln.

Das Leben

Das Leben
ist oft ein Tanzen und Feiern
am Rande eines Vulkans,
oft ein gelähmtes Dasitzen
in der Mittagshitze.
Im Tanzen löst sich die Starrheit
genormten Verhaltens.
Die Welt wird von neuem zum Fluß.
Der Ewige strömt
in die Menschen hinein,
und der Mensch leitet den Strom
weiter in Augen und Herzen.

Wann endlich?

Man fördert die einen,
gibt ihnen unerträglich viel Macht
und züchtet die Minderwertigkeitsgefühle
der anderen.
Vor Gott sind alle gleich!
Diese abstrakte Wahrheit schrumpft
im Alltag der Bürokratie
zur konkreten Lüge zusammen.
Wann werden alle
mitdenken, mitreden, mitentscheiden,
mitleiden, mittragen,
was morgen in Staat und Kirche geschieht?

Der lautlose Mord

Kain, wo ist dein Bruder Abel?

Von Phrasen erschlagen,
in ein Verhaltensmuster gepreßt,
von lieblosen Blicken erdolcht,
von Besserwissern zur Stummheit verurteilt.

Fortschritt

Man hat ihnen
das Vertrauen zu Gott genommen
und gab ihnen Versicherungen.
Man hat ihnen
das Leben verlängert
und den Sinn des Daseins verkürzt.
Man hat
die Oberfläche ausgedehnt
und den Zugang zur Tiefe erschwert.

Die Engstirnigen

Die Engstirnigen langweilen die Weitsichtigen
mit ihren Lobliedern auf den „Status quo".
Vorwärts in den wirtschaftlichen Engpaß!
„Nur unser System ist richtig!"
Vorwärts in den Kirchenzerfall!
„Nur unsere Kirche macht selig!"
Vorwärts in die Sackgassen der Medizin!
„Nur unsere Methode kann heilen!"

Am Anfang sprach Gott:
„Siehe, es ist gut."
Was sagt Er heute?

In netter Gesellschaft

Menschen, in ihre Ansichten eingezwängt.
Lieb und nett,
aber einfallslos!
Sie reden gescheit
und geben nichts von sich her.
Erloschene Vulkane.
Wieviel bleibt auf der Durststrecke
zwischen Herz und Mund stecken?
Verhungerte Seelen in Europa
als Gegenpol
zu verhungerten Körpern in Asien.

Christ sein

Selbst ratlos sein
und doch viele beraten können.
Selbst gebrochen sein
und doch vielen als Halt dienen.
Selbst Angst haben
und doch Vertrauen ausstrahlen.
Das alles ist Menschsein,
ist wirkliches Leben.

Religionsunterricht

Sie schieben mit ihren Zähnen
den Kaugummi von einem Mundwinkel
in den anderen.
Sie nagen an ihren Minderwertigkeitskomplexen.
Ihre gleichgültigen Blicke
verunsichern den Lehrer.
Beim Wort Religion zischen sie:
„Märchen! Pharisäer! Kirchengeschichte!"

Für Sekunden kämpfe ich
mit der Versuchung,
mißmutig zu werden.
Da sagt die Hoffnung mir:
Widerstand aushalten!
Nicht verstummen!
Sich nicht zurückziehen!
Seine Erfahrungen nicht verschweigen!
Unermüdlich zum Gespräch herausfordern!

Das Samenkorn fällt in die Erde.
Es wird Früchte bringen.

Was kommt auf sie zu?

Junge Menschen vor mir:
eine Seelenlandschaft,
die bis zu den Augen vordringt.
Gesichter,
die von der Schönheit des Lebens erzählen.
Sie werden viele Erfahrungen machen.
Sie werden geliebt und gefordert werden.
Sie werden das Leben erkennen
als Luxusreise und als Hindernislauf.
Sie werden verstummen, schreien, beten.
Sie werden „Warum?" fragen.

Wohin erziehen wir?

Mehr ich? Mehr du? Mehr wir?
Mehr beten? Mehr tun?
Mehr haben? Mehr sein?
Mehr denken? Mehr fühlen?
Wohin gehen wir?

Suchet zuerst die Innenwelt
und ihre Gesetzmäßigkeit!
Erneuert zuerst eure Seelen,
dann erst die Gebäude,
in denen sie wohnen!
Dann wird eine neue,
eine bessere Welt entstehen.

Familie

Ort der Gespräche
Ort des Schweigens
Ort der Konflikte
Ort der Versöhnung
Ort des Kampfes
Ort des Friedens
Ort des Mißtrauens
Ort des Vertrauens
Ort des Mißverstehens
Ort des Verstehens
Ort der Verkümmerung
Ort der Entfaltung
Ort der Lüge
Ort der Wahrheit
Ort der Trennung
Ort der Vereinigung
Ort des Hasses
Ort der Liebe
Ort der Erstarrung
Ort der Veränderung
Ort des Scheins
Ort des Seins
Ort Gottes
Ort der Menschen.

Wachstum durch Krisen?

Viel fernsehen,
wenig Zeit für sich aufsparen,
gescheit über alles mögliche reden –
ohne Konsequenzen für das alltägliche Leben.
Sich oft in Gesellschaft sehen lassen,
kritische Freunde meiden,
Reformer belächeln.
Den Kopf in den Sand stecken.
Bis sie durch die Tat eines ihrer Kinder
aufgeschreckt werden:
zu leiden, zu fragen, zu sehen beginnen.

Sich Zeit für sich nehmen,
das eigene Wesen entdecken,
weniger nach außen,
mehr nach innen wirken.

Nicht Besserwisser und Schnellrichter,
sondern nachdenkliche Menschen,
die zuhören können,
sitzen nach der Erschütterung
in der Familie, im Freundeskreis beisammen.
Die Krise hat ihre Früchte gebracht.

Flucht vor dem Kreuz

Er scheute sich,
ein Kreuz in der Wohnung aufzuhängen.
Er wollte nicht ans Leid erinnert werden.
Er hielt sich an keine Ordnung,
bis das Chaos ihn zermürbte.
Er wollte sich nicht binden,
lebte eine Zeitlang bald mit dieser,
bald mit jener Partnerin.
Die Gewissenslast begann zu drücken.
Er dämpfte sein Bewußtsein
mit immer neuen Reizen.
Bis er zusammenbrach.
Im Krankenzimmer starrte er aufs Kreuz.
Die Flucht war zu Ende.
Die Heimkehr begann.

Nur eines . . .

Er fühlt sich elend,
starrt zum Fenster hinaus,
wird mit sich nicht fertig,
raucht, sinniert,
grübelt, trinkt,
sucht die Adresse eines Arztes.
Nur eines tut er nicht:
sich sammeln und beten.

Fragen zur Gewissenserforschung

Verdrängen
oder sein Gewissen erforschen?

Was liegt in mir?
Was habe ich verdrängt?
Was wollte ich?
Was wurde ich?
Anerkenne ich meine Geschichte
als Zusammenfließen von Ursache und Wirkung?
Bin ich bereit,
das Leben als Schule anzunehmen?
Was habe ich aus meinen Erfahrungen gelernt?
Wann am Tag nehme ich mir Zeit,
über mich, über meine Entwicklung,
über meine Beziehung zu Menschen
und zu Gott nachzudenken?
Sehe ich den Alltag als Übung?
Inwieweit hat sich in den letzten Jahren
mein Bewußtsein erweitert?

Jesus – Zeuge der Wahrheit

Seltsam, wie sich die Gefühle
ihm gegenüber
im Laufe der Zeit verändert haben!
Die gemeinsame menschliche Ebene erkennen.
Ihn nicht am Kreuz
der Bilder und Begriffe festnageln wollen.

Denn er ist kein Schönfärber,
kein Buhmann,
kein Asket,
kein Lebemann,
kein Realist,
kein Schwärmer,
kein Rationalist,
kein Mystiker,
kein Priester,
kein Laie,
kein Linker,
kein Rechter,
kein Progressiver,
kein Konservativer.

Er ist nicht nur Gott,
nicht nur Mensch!

Der Zeuge der Wahrheit
ist nirgends einzuordnen.

Abtötung

Was haben wir aus dir gemacht?
Worte, die keiner versteht,
Begriffe, zu Tode geredet.

Du bist lebendig,
und wir sind tot!
Laß nicht zu,
daß wir dich zu Tode leiern
in unseren Kirchen!

Die Gegenwart Jesu

Es heißt:
Wo zwei oder drei in meinem Namen –
das heißt im Namen der Liebe! –
beisammen sind –
und nicht: Wo zwei oder drei gemeinsam
über einen vierten, der nicht anwesend ist,
gnadenlos urteilen –
da bin ich mitten unter ihnen!

Wo bist du zu finden?

In der Nähe eines Sterbenden,
der bewußt in die Ewigkeit geht;
im Anblick zweier Menschen,
die schon fünfzig Jahre füreinander da sind;
im Blick der schwangeren Frau,
die hoffnungsvoll von ihrem Kind spricht;
im Lächeln der Menschen,
die unverdrossen anderen dienen,
erkenne ich die Wirklichkeit
einer anderen Welt.

Gegensätze?

Sei Realist,
wirk das Wunder!
Träum weiter!
Bleib dabei nüchtern!
Denk an die andern!
Sei gut zu dir selbst!
Glaub an Gott
und vertrau auf dich selbst!

Wie sich das ineinanderfügt:
Wie Seele und Leib!

Götterdämmerung

Der konstruierte Gott,
der gedachte Gott,
der eingebildete Gott,
der eingerahmte Gott,
der bürgerliche Gott,
der revolutionäre Gott,
der erträumte Gott,
der Gott, der von Menschen gemacht wird.

Und Gott sprach:
„Ich bin, der ich bin."

Ich bin anders
als eure Bilder
und eure Gedanken!

Auf der Flucht vor sich selbst

Tausend fromme Worte,
und doch kein Empfinden für Gott.
Das Bewußtsein verengt sich.
Sie schweigen über ihre Erfahrung.
Sie verkürzen gewaltsam ihr Denken.
Doch ihre Augen sprechen deutlich
von ihrer Enttäuschung.
Sie bezeichnen
ihre Flucht vor sich selbst
als gottgewolltes Opfer.
Sie verhindern die Begegnung
mit dem lebendigen Gott.
Sie beten tote Götter an
und verwandeln lebendige Menschen
in steinerne Säulen.
Laßt die Toten die Toten begraben!
Du aber geh
und bring die Gute Nachricht
von Gott, dem Lebendigen!

Tätigkeiten eines Christen

Warten
beobachten
still sein
beten
hören
schauen
innehalten
denken
entscheiden
sich erkennen
überzeugen
sich verströmen
vertrauen
wissen
tun
heilen
zeigen
verwandeln
auferwecken
leiden
schweigen
sterben
auferstehen!

Wo ist unser Glaube?

Wo ist unser Glaube?
Wir zittern
vor jeder Veränderung unseres Lebens.
Wo ist unser Friede?
Wir streiten um Nichtigkeiten.
Wo ist unsere Großmut?
Wir sind kleinlich,
wenn es zu teilen gilt.
Wo ist unser Vertrauen?
Wir kümmern uns
mit letzter Hingabe
um unsere irdischen Dinge.

Wir sichern uns ab.
Wo bleibt unsere Bereitschaft,
Wagnisse einzugehen?
Wir beten in Notzeiten.
Wo bleibt das dankende,
das preisende,
das absichtslose Gebet?
Wir möchten Erklärungen.
Warum verwehren wir uns dem Geheimnis?

Wir möchten um das Kreuz
herumkommen.
Wir möchten klüger sein als Jesus,
dessen Weisheit zusammenfließt
in einen einzigen Satz:
„Vater, nicht mein Wille,
sondern der deine geschehe!"

Der weiche Mensch

Immer wieder tun,
was die andern wollen,
nirgends „Nein“ sagen können;
unbewußt Angst haben vor Liebesverlust.
Zu weich,
um einen schiefen Blick auszuhalten.
Zu ängstlich,
nicht von allen bestätigt zu werden.
Das Ganze religiös verbrämen!
Sich selbst verleugnen,
langsam jedes Gefühl für sich selbst verlieren,
nicht mehr wissen, was man will.
Jeder Suggestion anheimfallen.
Bis die Seele rebelliert.
Zuerst durch Verstimmung und Trauer;
dann durch Krankheit und Leiden aller Art.
Bis sie offen sich auflehnt
und zur Umkehr drängt.

II
Leiden müssen

Wenn Gott unsere Liebe prüft

Wenn ich alle Sprachen der Menschen verstünde,
doch nicht lieben könnte,
wozu wäre ich da?
Wenn ich alle Menschen durchschaute
und nicht lieben könnte,
wäre ich mehr als Stein?
Wenn ich für Arme
in aller Welt spendete und zahlte,
aber nicht lieben könnte,
was würde aus mir?
Wenn ich Erfolg hätte,
Auszeichnungen häufte,
könnte aber nicht lieben,
würd' ich nicht selig.
Wenn ich für meinen Glauben lautstark einstünde,
daheim oder am Arbeitsplatz,
aber nicht lieben könnte,
dann wäre mein Glaube fanatisch.

Die Liebe ist stark,
sie hat einen langen Atem.
Die Liebe wird nicht bitter
durch dunkle Erfahrung.
Sie reift im Schmerz
und erhält ihre Stärke.
Sie läßt sich nicht
durch böses Gerede abbringen vom Guten.
Sie gibt Täuschungen auf
und dringt weiter ins Wesen hinein.
Die Liebe stammt aus einer anderen Welt
und wird für diese Welt geschenkt.
Nur die Liebe, die aus Gott kommt,
wird alles tragen,
verwandeln,
heimholen können.

Auf die Erfahrung nicht verzichten

Sich auf die Bibel berufen,
ohne in sich hineinzuhorchen
und sich selbst zu erfahren,
macht unduldsam und lebensfremd.

Das Wort der Bibel ist tot,
wenn es nicht im Alltag erprobt wird.

Gott hat Menschen aufgefordert,
ungesicherte Wege zu gehen.
Sie haben auf Gott,
ihren Begleiter, vertraut.

Ihre Erfahrungen werden in der Bibel berichtet.

Über den Glauben und den Mut
der biblischen Gestalten zu staunen
heilt noch keine Krankheit,
löst keine Konflikte,
hilft niemand weiter.

Jeder soll wie Abraham Ur in Chaldäa verlassen.
Jeder soll wie Petrus aus dem Boot steigen
und auf Jesus zugehen.
Im Wagnis werden wir Gott erfahren.

Erst die eigene Erfahrung mit Gott
kann uns biblische Aussagen so deuten,
daß sie uns selbst,
die Welt und die Menschen verändern helfen.

Wo das biblische Wort Erfahrung und Ereignis wird,
werden die Wunder geschehen,
von denen die Bibel erzählt.

Durch die Krise reifen und wachsen

„Amen, amen, ich sage euch: Wenn das
Weizenkorn nicht in die Erde fällt
und stirbt, bleibt es allein; wenn es
aber stirbt, bringt es reiche Frucht.“
(Joh 12,24)

Wenn der Glaube
sich nicht durch Zweifel
und Krisen hindurchringen muß,
bleibt er schwärmerisch und wirklichkeitsfremd.

Wenn die Hoffnung
nicht durch aussichtslose Situationen
herausgefordert wird,
bleibt sie kraftlos und inhaltsleer.

Wenn die Liebe
nicht den schwierigen Verwandten,
den lästigen Nachbarn,
den politischen Gegner miteinbezieht,
wird sie ihre göttliche Herkunft
nicht zeigen können.

Auf der Suche nach Ihm

I

Die Rede von Gott
hat sich in den Verstand verirrt.
Die Wortreihen entlang fragt der suchende Mensch:
„Was ist mit meinem Gott geschehen?
Ich finde ihn nicht."
Jede Antwort weckt eine neue Frage.

Gott kehrt überraschend zurück
zum Herzen des Beters;
nicht als logische Folge von tausend Gedanken,
sondern als befreiendes Du, als Zuhause,
das Himmel und Erde umfaßt.

II

Wenn Gott uns auf die Welt kommen läßt,
wachsen wir langsam.
Wir werden erzogen, geführt, gebildet.
Wir lösen uns vom Ufer der Kindheit
und treiben hinaus ins weite Meer
der Gedanken und Gefühle.
Wir möchten selbständig werden,
Traditionen zerbrechen,
wir halten das Ruder fest in den Händen.
Wir sind von unserer Bedeutung tief überzeugt.
Eine notwendige Tat, um uns selbst zu erproben!
Wenn Gott uns weiterführt vom Ich zum Du,
vom Du zum Wir, vom Wir zum ewigen Du,
dann werden wir heiter und gelöst sein.

III

Wenn Gott uns wegschleppen läßt
aus Jerusalem nach Babylon,
aus der Stadt des Friedens
in den Lärm der Zweifel und Fragen,

aus der Einheit in die Zerrissenheit,
das wird ein Schmerz sein!
Wenn Gott uns in die Wüste jagt,
da wird eine Sehnsucht entstehen
nach den Tagen der Freundschaft mit Gott.
Wenn Gott unsere steinernen Gesetzestafeln
wie Mose zerbricht,
dann haben wir keine sicheren Maßstäbe mehr.
Wenn nichts mehr gesichert ist
und die Kirche nicht einer Burg,
sondern einer Ruine gleicht,
das wird ein Erwachen sein!
Wenn Gott die uralten Formeln
zu nichtssagenden Worthülsen schrumpfen läßt;
wenn Gott uns anschaut
in der Gestalt des gemarterten Jesus am Kreuz;
wenn Gott sich zurückzieht oder verbirgt,
wenn Gott uns in die Hölle verschleppt,
das läßt uns erzittern und schreien.
Doch Gott führt in die Fremde
und wieder nach Haus.
Wenn Gott uns nach alldem ruft,
wird unser Glaube stärker sein.
Was gestern noch trockener Lehrsatz war,
ist morgen ein Teil von uns,
ist erfahren, erlitten, erhofft.

IV
Wenn Gott unsere Dinge zu ordnen beginnt
und wir auf ihn zu horchen anfangen,
wenn Gott uns das Steuer
sanft aus der Hand nimmt,
mit dem wir das Schiff in die Eisberge trieben,
das wird ein Aufatmen sein!
Wenn Gott ohne Donner und Blitz uns

leise am Abend eines erfolgreichen Tages
zuflüstert:
„Nicht dein, mein Name werde genannt“,
das wird ein neues Denken ergeben.

V
Wenn Gott uns bekehrt
von einer Religion der Angst
zu einer Religion des Vertrauens,
da wird sich ein neues Gefühl
von Gott ausbreiten.
Denn Gott sagt:
„Ich habe kein Wohlgefallen
an Menschen, die sich abtöten.
Ich mag nicht, wenn Menschen
wie zerknüllte Papiere vor mir liegen.
Ich mag nicht, wenn Prediger
die Kirchenbesucher mit Drohpredigten
einschüchtern.
Ich bin ein Gott, der sein Volk
aus dem Land der Knechtschaft herausgeführt hat.
Ich will freie Söhne und freie Töchter
und nicht zitternde Sklaven.
Ich will ein freies Gegenüber,
ein freies Du, das mir vertraut aufgrund der Erfahrung.
Ich will nicht durch Angst erpreßte Gebete.
Ich möchte das freie, vertrauende Ja.“
Dann wird eine neue Gemeinschaft
mit Gott beginnen.

Dialog mit dem Gekreuzigten

Steig herab vom Kreuz,
das kann nicht dein Ernst sein!
Ein Gott am Kreuz!
Ohnmächtig sind wir selber.
Mußt du uns die Ohnmacht auch noch zeigen?
Steig herab vom Kreuz!
Hörst du täglich die Millionen Schreie
der Menschen,
das Wimmern der Kinder,
die noch nichts wissen, die nur leiden?
Hörst du das alles,
siehst du das alles,
fühlst du das alles?
Du senkst den Kopf,
du hängst da.
Wie sollst du die Arme um uns legen können?
Deine Hände sind angenagelt!
Wie sollst du zu uns kommen?
Deine Füße sind von Nägeln durchbohrt!
Warum hängst du da oben
und rührst dich nicht?

Warum mißtraust du mir, Mensch?

Warum nur willst du mich
durch deinen Unglauben strafen?
Weil du den beruflichen Aufstieg
nicht geschafft hast?
Ich frage dich:
Warum hast du vergessen,
daß ich dich tausend mal tausendmal
im Straßenverkehr beschützt habe?
Warum denkst du nicht daran,
daß ich dich durch Begegnungen
mit liebenden Menschen
in eine neue Welt der Gefühle versetzt habe?
Warum mißtraust du mir,
obwohl du erlebt hast,
daß ein Mensch auf dich zukam,
bei dem du ein Zuhause fandest?
Warum glaubst du mir nicht,
daß ich aus deinem Scherbenhaufen
ein Kunstwerk gestalten kann?
Warum traust du mir nicht zu,
daß ich deine leidvollen Kindheitserlebnisse
in Keime verwandle,
die dreißig-, sechzig- und
hundertfältige Frucht bringen werden?

Wer bist du geworden?

Endlich bin ich bei dir angekommen!
Doch wer bist du denn heute?
Ich weine aus Trauer.

„Muß ich wer sein?"
fragst du.
„Sei auch *nichts!*"
Und wir erleben die *Fülle* gemeinsam.

Maranatha

Wohin ist der Friede von gestern gezogen?
Schwere, dunkle Wolken am Bewußtseinshorizont.
Unlustgefühle machen den Start zum Fehlstart.
Wechselschritte – bald beten, bald grübeln.

Auf der Ebene der Vernunft
die Kluft zwischen Lehre und Praxis entdecken.
Nach einer Narkose verlangen,
um das fragende Bewußtsein einzuschläfern.

Zu denken aufhören.
Zu den Klängen einer Melodie zu tanzen beginnen.
Der arme, dauernd unterdrückte Leib
dehnt sich, streckt sich, lockert sich.
Das in den Kopf verlagerte Leben entkrampft sich.
Wo ist die Einheit von Leib und Seele geblieben?

Maranatha!
Wann kehrt die Seele heim zum Leib,
der Eros zur Agape?
Der Mensch zu Gott,
Gott zum Menschen?
Maranatha!

Ein Tag

Ein Tag, ein Alltag.
Am Morgen denke ich:
„Wer wird mir heute begegnen?
Wie oft werden die Stimmungen wechseln?
Einsichten, Irrtümer, Fortschritte,
Wiederholungszwänge, Durchbrüche, Täuschungen?
Was wird bleiben?"

Es ist wieder spät geworden.
Jetzt, vor dem Einschlafen,
fehlen mir die Begriffe.
Wie soll ich Lebendiges mit den Worten erfassen:
Gefühlsströme, widerstreitende Strebungen,
Eindrücke in der Natur, Erfahrungen beim Beten,
Ruhe und Unruhe?
Ausbrüche von Zorn,
gedämpft durch die Appelle des Gewissens.
Stilles Dasitzen, Warten und Beten.
Das Seelengewoge ist in keine Form zu bringen.
Ich kann die Gedanken in keinen Rahmen zwingen.
Sturzfluten in mir,
wo finde ich ein Bachbett für euch?

In den stillen Gebeten!

Ruhe – wie lange?

Im Zug sitzen.
Die Landschaft als Sinnbild sehen.
Nebelfelder, klar umrissene Horizonte
und wieder verhüllte Berge.
Alles ist Durchgang, Vorübergang, Veränderung.
Nichts tun als schauen.
Gelesenes wirkt nach,
Geschautes strömt in tiefere Schichten ein.
Wunden vernarben.
Seligkeit, Harmonie, Ruhe.
Da zuckt das Gesicht eines Unglücklichen
vor mir auf.
Die Unruhe erfaßt mich aufs neue.
Warum bleibt kein Augenblick stehen?

Zuviel tun

Sich in einen Wortrausch hineinsteigern.
Von vielen Büchern träumen.
Am Morgen schweißgebadet erwachen.
Kein Triumphgefühl,
nichts als Ohnmacht.
Draußen tiefblauer Himmel.
Fieber,
Leiden,
Krankheit:
Tribut an den Ehrgeiz.

Gegen das Kaleidoskop

Die Wirklichkeit erkennen,
nichts hineinmogeln, sich stellen,
nicht herumschwindeln.
Die Härten, die Rätsel des Daseins
nicht verharmlosen.
Die Gefahr des Scheiterns deutlich zeigen,
warnen, daß es keinen Ausweg gibt
als leben lernen.
Von Erfahrung zu Erfahrung reifer werden.
Die Kirche nicht als Traumfabrik benützen.
Sie kann nicht zaubern.
Die Dinge sehen, wie sie sind,
und vertrauen können.
Dann wird Glaube Lebenshilfe
und nicht Flucht in die Magie.

Kartei – Name – Schicksal

Probleme,
Besuche,
Gebete;
Erinnerungen,
die wie Rucksäcke
zu drücken beginnen.

Briefe,
Anrufe,
Besuche;
alles nur ein Tropfen
auf den heißen Stein.

Können die Türen des Herzens
zu weit geöffnet sein?

Flut der Briefe

Flut der Briefe,
Ebbe der Seele.
Überschwemmt von lieben Grüßen
und netten Worten.
Womit sind die Worte gedeckt?
Wen zurückweisen?
Und warum?
Ergriffen vom Vertrauen der vielen
die Überforderung spüren.
Kyrie eleison.

Beleidigt werden

Durch einen Brief beleidigt werden,
im Kern getroffen sein.
Was willst du tun?
Wütend antworten?
Achselzucken?
Vergessen wollen?
Zum Duell der Worte bitten,
resignieren, traurig sein?

Bete um die Erkenntnis dessen,
was dir dein Gegner sagen wollte!

Still werden,
gute Gedanken aussenden,
nichts verdrängen,
ringen, leiden,
dir Zeit lassen,
bis dir die Liebe
und nicht der Haß
die Worte eingibt.

Rennfahrer im Rollstuhl

Was wollte ich?
Sieger sein.
Was ist aus mir geworden?

Der Beifall der Massen
ist verklungen.
Nun höre ich das Ächzen
meines Rollstuhls.
Mein Leben war der Rennsport.
Alles drehte sich ums Tempo.
„Noch schneller – noch präziser!"

Jetzt habe ich Zeit,
unendlich viel Zeit.
Das Rennen ist zu Ende,
das Denken hat begonnen.
Alles hat seine Zeit!
Ich werde nach innen gehen.
Vielleicht finde ich,
was ich draußen nicht fand,
da drinnen?

Akzeptieren oder rebellieren?

Gebetszeiten – Sprechzeiten der Seele.
Die Lippen murmeln friedvolle Texte,
der Verstand rüstet zum Krieg gegen den Glauben.
Nach dem Gebet von tausend Gedanken
überfallen werden.
Brüten, grübeln, denken,
aufspringen, hin und her gehen.
Akzeptieren? Rebellieren?
Wieder zum kleinen,
verengten Bewußtsein zurückkehren?
Wieder sich ins Joch zwängen?

Still werden.
Mit der Bibel sein Leben bejahen lernen.
Bedenken, einsehen:
Ich wurde gezeugt.
Ich wurde empfangen.
Ich wurde geboren.
Das Leben begann nicht mit dem „Ich will“,
sondern mit dem „Ich wurde“.

Gott sprach nicht: „Ich will Licht“,
sondern „Es werde Licht“ –
und es wurde Licht.
Sich in die Ordnung der Schöpfung
einfügen lernen,
ohne sein Selbst zu verlieren.

Wohin eilst du?

Ich hetze an einem Kreuz vorbei.
Da höre ich plötzlich die Worte:
„Schau mich an! Hör mir zu!“

Ich bleibe stehen.
Wie lebendig wirkt heute
der Gekreuzigte auf mich!
Seine Augen sind halb geöffnet,
ebenso der Mund.
Das Gespräch beginnt
zwischen oben und unten,
zwischen IHM und mir.

„Wohin eilst du?“
„Zu einem Freund,
der mich braucht!“
„Wenn du friedlos zu ihm läufst,
wirst du kein Halt für ihn sein!
Bleib stehen! Warte!
Bring ihm meine Liebe,
nicht deinen Ehrgeiz!“

Ich schaue ins Licht der Kerze
vor dem Kreuz
und warte, bis ich ruhig bin.

Keine Gegenwehr

Verdrängtes stürmt vor,
die Dämme brechen.
Fragen bäumen sich auf,
Antworten verstummen,
keine Gegenwehr.
Was liegt doch alles in uns?
Der felsenfeste Glaube,
Quelle vieler Gebete.

Wie unabweisbar die Zweifel an der Art,
wie man bisher Religion verstand und mitteilte!
Wie brüchig die Fundamente,
wie anfechtbar die Lehrsätze sind!
Wie verschieden ein jeder von uns
das Leben erfährt!
Begegnungen mit aufreizend Selbstsicheren,
bei denen die Täuschung
als zweite Natur die erste überwuchert hat.
Sie bleiben in der Konkursmasse
ihrer Phrasen stecken.
Sie haben keine Lust,
selbständig zu werden.
Sie geißeln mit Blicken und Worten
Menschen, die denken wollen.
Auf herausfordernde Fragen
reagieren sie böse.
Sie wollen ihre Ruhe.

Wieviel Geist hat Gott dem Menschen geschenkt!
Wie oft hat der Mensch
durch seinen zähen Widerstand
den schöpferischen Impuls verdrängt!
Wieviel hat der Mensch verhindert
aus Angst vor den Möglichkeiten,
die Gott ihm gab!

Gnade

Tage- und nächtelang
Götzen anbeten;
seine Zeit vertun
mit gescheiten Reden.
Nicht beten können.
Sich nach Freiheit sehnen,
doch weiter sich
im Dickicht verstricken.
Ratlos sich
um die eigene Achse drehen,
bis die Erkenntnis kommt:
Still werden,
von allem loslassen,
den Frieden Christi erwarten.
Gnade!

Viele Wege

I

Gedankenketten, Gefühlsströme.
Wasserfälle von Worten.
Trauer über nicht beachtete Signale am Weg.
Die Sprache des Körpers nicht verstanden.
Daher vieles durch Leiden,
durch Denken erwandern müssen.
An kein Ende gekommen.
Wege im Kreis.
Jeder Weg mühsam genug.

II

Ratlos auf dem Meer der Fragen
mit einem kleinen Floß hin und her getrieben.
Odyssee des glaubenden Menschen.
Auf der Flucht,
nicht wissen, vor wem.
Keine Sicherung, kein Leitstern.
Alles verhüllt!

III

Beten, schreien, laufen, kämpfen,
zweifeln, leiden, weinen, staunen,
danken, fliehen.
Von vorne beginnen.
Beten, schreien, laufen, kämpfen.
Der Wiederholungen müde.
Das DU spüren, kurz!
Wieder nichts als Stein empfinden.
Wieder unsicher werden,
den Glauben zu Ende zweifeln.
Bodenlose Gedankengebäude aufbauen wollen.
Was gestern noch hielt,
zerfällt heute in Staub.
Wo ich hingreife, kein Fels,
alles nur Sand.

IV

Auswege versperrt, der Umwege müde.
Der Zweifel verstärkt sich.
Die Wissenschaft befragen,
Analysen bedenken.
Noch lange kein Heil.
Von neuem zu fragen beginnen.

Was ist geschehen?
Wer hat den Vorhang
zwischen Liebe und Wahrheit zerrissen?

V

Zusammenfügen,
was durch fieberhaftes Grübeln zerrissen wurde.
Einbringen,
was an neuen Sichten gewonnen ist.
Heimkehren
aus der Gefangenschaft der Begriffe und Ideen.
Um Gnade beten!
Sich von neuem Jesus Christus
anvertrauen.
Uralte Liturgien
mit neuer Hingabe vollziehen können.
Knien, staunen, stammeln, danken.

Sich ergeben

Wohin willst du gehen,
wenn alle Wege zu Ende gegangen sind
und der Verstand heißgelaufen ist?
Wenn du wahrnimmst,
daß du auf der Stelle trittst?
Wohin willst du gehen?

Wer täuscht dich nicht?
Wer bürgt dir,
daß der Weg nicht wieder
in die Irre führt?

Erkenne,
daß du ein Werkzeug bist!
Gib willig dich in Seine Hand!
Er wird dich brauchen können.

Das Idealistendenkmal

Allen alles werden,
seine eigene Familie übersehen,
allen alles werden.
Sich selbst
keine fünf Minuten Pause gönnen
für die Frage:
Wer bin ich? Was will ich?
Was ist echt und was ist Maske?
Allen alles werden.
Den Rausch der Nächstenliebe genießen,
allseits beliebt,
ein Vorbild, ein Denkmal!
Das Denkmal ist rasch gebaut.
Doch eines Tages erhebt sich das Denkmal
und erkennt auf einmal sein Menschsein.
Da stürzt es vom Sockel,
da läuft es Sackgassen auf- und abwärts.
Für die Flucht bleibt Jonas als Sinnbild.
Flucht, Schiff, Sturm, offenes Meer.
Walfisch, wo bist du?
Ans Land gespien,
ohne schützende Hülle der Täuschung,
alles ist kantig, hart, spitz.

Und Gott sprach:
„Siehe, ich mache alles neu."

Die Spannweite des Glaubens

Die vielen Seiten des Lebens
wahrnehmen und ertragen lernen.
Sich opfern
und doch sich selbst entfalten.
Sich in die Hände Gottes fallen lassen
und doch das Menschenmögliche tun.
Auf die göttliche Vorsehung bauen
und doch forschen und planen.

III
Vertrauen können

Gott fragt dich

Ich habe für dich die Berge erschaffen.
Warum wanderst du nicht?

Ich habe dir Kinder geschenkt.
Warum hast du keine Zeit für sie?

Ich habe für dich Bücher schreiben lassen.
Warum liest du nichts?

Ich habe für dich Bilder malen lassen.
Warum betrachtest du nichts?

Ich habe dir eine Stimme geschenkt.
Warum singst du nicht?

Ich habe dir einen Leib geschenkt.
Warum bewegst du ihn nicht?

Ich habe dir Gefühle geschenkt.
Warum verdrängst du sie?

Ich habe für dich Quellen fließen lassen.
Trinken mußt du selber!

Das umfassende Hilfsprogramm

Alles kann dir dienen,
wenn du vertraust.
Die Sonne macht dir den Tag hell,
die Bäume zeigen dir:
Du mußt mit den Wurzeln
im Grund verankert sein.
Die Vögel erzählen dir im Gesang
ihre heitere Lebensart.
Sie haben keine Angst vor dem Absturz.
Alles kann dir dienen.
Ein Rückschlag kann ein Vorschlag
für eine neue Lösung sein.
Ein Kind zeigt dir:
Man kann streiten
und schnell wieder gut sein.
Ein Brief weist dir einen neuen Weg.

Alles will dir helfen,
weil du liebst!

Gebet des Meeres

Ich bin gefüllt
mit unendlich vielen Tropfen.
Aus Tausenden von Flüssen und Strömen
bin ich geworden.
Ich trage die Schiffe,
die Lasten des Meeres.
Den Fischen gebe ich Heimat,
fließendes Zuhause.
Ich spiele mit meinen Wellen.
Die Seesterne blühen in mir.
Ich hülle Leben ein
und bin selbst umhüllt vom Kosmos.
Wie sehr versteh ich dich, unendlicher Gott,
bin ich doch selbst unendlich weit!
Milliardenmal Welle,
fließend und doch konzentriert.
Wie bist du mir nah!

Menschen haben dich mit mir verglichen,
denn sie erkennen meine Ufer nicht,
wenn sie hinausblicken zu mir.
Sie sehen mich als die offene,
ruhende, bewegte, stille und stürmische Weite.

Du allein kennst die Anzahl der Tropfen,
aus denen ich gebildet bin.
Du liebst mich, dein Meer.
Und des Nachts, wenn auf den Schiffen
die Menschen hinausschauen,
sehe ich in ihren Augen,
wie du mich liebend anblickst,
o ewiger Gott!

Die Predigt des Baumes

Ich bin ein Baum.
Ich verbünde mich täglich
mit meinen Wurzeln.
Ich rage in die Höhe.
Aus dem Innern der Erde
hole ich mir die Kraft zum Leben.
Ich atme mit meinen Blättern.
Ich strecke mich,
ich dehne mich,
ich weite mich.
Die Wurzeln verankern mich.
Ich ruhe in meinen Wurzeln;
ich danke der Mutter Erde.
Viele bestaunen meinen Wuchs,
meine Höhe, mein Alter.
Was wäre ich ohne die Mutter Erde,
die mich mit Salzen versorgt?
Die Menschen sehen unruhig
zu mir auf.
Sie haben keine Zeit,
ihre Wurzeln
zu pflegen,
zu spüren,
zu lieben.

Am Morgen

Ich laufe die Baumreihen entlang.
Alles wird mir vertraut:
Zärtlich berühre ich die Gräser.
Schluchten, Täler,
Ferne, Nähe,
alles wird Person,
ein DU.

Der Wald brennt ohne Feuer.
Die Farbenpracht läßt mich vergessen,
daß dort drüben
einer verzweifelt mit dem Atem ringt,
einer, der sich sein Leben lang
als Bergbauer hat plagen müssen;
daß dort, weit hinter dem Berg,
eine Ehe zerbricht;
daß dort unten in der Fabrik
Arbeiter ihre letzte Schicht antreten
und nicht wissen,
wohin sie gehen werden.

Gräser an der Baumgrenze

Lange Winter, kurze Sommer.
Ständig dem Wind ausgesetzt.
Helle Tage, warme Tage.
Eis und Schnee.
Tauen und Schmelzen.
Ihr Dasein heißt
Sturm und Widerstand.

Sieh, wie aufrecht sie dastehen,
unbemerkt von allen.
Sie stehen da.

Geordnet und ruhig

Ich freue mich
an den Schattenspielen der Blätter
auf dem weißen Sand
entlang des Weges.
Felder und Blätter,
fließende Schatten hin und her.
Gedanken ziehen vorüber,
Vögel umkreisen mich.
Die Felder schlafen in der Mittagssonne.
Die Wolken lächeln
über die Starrheit,
mit der wir unsere Standpunkte
erörtern.
Sie lösen sich auf
und schwimmen weiter.
Sie lassen mich das Gewicht
der Geschichte vergessen.
Am Horizont grüßen die breiten Bauernhäuser
mit weißem Sockel und schwarzem Holzdach.
Die Häuser erwecken in mir
den Eindruck von fest, bestimmt,
von geordnet und ruhig.

Hochwald im Herbst

Die Fichten träumen schwankend
von Frühjahr, Sommer und Herbst.
Die Lärchen stehen
wie goldgekleidete Diener da.
Der tiefblaue Himmel
weckt verstorbene Hoffnung auf.
Ist vielleicht Gott unterwegs
und verwandelt die Landschaft?

Herbst, Ernte, Tod.
Eichen und Buchen in Gold.
Es lispeln die Blätter.

Alles verlangt nach –
wonach?
Hier bleib' ich
am Zaune der Sprache hängen.
Im Schweigen wird uns der Hochwald
von seinen Wurzeln erzählen.

Religion ohne Worte!

Die kleine Tanne

Du, kleine Tanne,
du wirst wachsen,
still, unbemerkt.
Wir werden kämpfen um Lebensraum,
um Energie, um Straßenbau.
Wir werden nach dem Sinn des Lebens fragen.
Du wirst dich still und ohne Fragen entfalten,
Zentimeter um Zentimeter.
Wir werden in der Familie,
in der Gemeinde,
im Staat,
in der Kirche,
in der Welt Konflikte auslösen,
Konflikte verschärfen,
Konflikte bereinigen.
Du wirst still dastehen und wachsen,
im Sturm, im Regen, im Schnee,
bei Sonnenschein.
Du stehst da,
bleibst da,
allem ausgesetzt.
Deine Wurzeln liegen
unter der Erde,
unsichtbar.
Sie geben dir Halt und Kraft,
dich zu entfalten.
Du zeigst uns,
was wir zu tun haben:
warten, werden, reifen, vertrauen,
von innen nach außen wirken.

Was ich vorher nicht sah

Am hellen Vormittag
sehe ich die schlanken Tannen,
die zähen Waldgräser;
rotgelbe Baumwipfel
mit weißen Bergen als Hintergrund.
Farbenreiche Schöpfung!

Am Nachmittag steh' ich wieder dort.
Da schau' ich auf geknickte Gräser,
entwurzelte Bäume,
den dürren, schmalen Baum
neben dem großen Baum.
Der große Baum raubte dem kleinen
die lebensnotwendige Nahrung.
Es gibt den Existenzkampf unter den Wurzeln.

Beide Betrachtungen helfen mir,
der Wirklichkeit näherzukommen.
Die eine ohne die andere Sicht
verführt zur Romantik,
zum einseitigen Reden,
zum fehlgelenkten Denken und Glauben.

Krankengeschichte einer Birke

Sieh mich an!
Ich war einer der höchsten
und schönsten Bäume im Wald.
Menschen, die auf dem Wege vorbeigingen,
haben zu mir aufgeschaut
und gesagt:
„So zart möchte ich auch sein!“
Vor einigen Wochen hat mich der Sturm gebogen.
Ich bin gebeugt
und komme nicht hoch.
Man müßte mich stützen.
Aber man wird mich fällen.
Menschen, die jetzt vorbeigehen,
schauen mitleidig zu mir auf:
„Die schöne Birke,
wie sie da hängt!“
Ich hatte zuwenig Zeit
zur Ausweitung der Wurzeln.
Ich wollte schnell hochkommen.
Ich bin in die Höhe gewachsen,
schneller als die anderen.
Ich habe mein rasches Wachstum
mit Siechtum bezahlt.
Ich hätte Krone und Wurzel
im gleichen Maße bilden müssen.

Weizenkorn

Ich bin ein Weizenkorn
und heiße „Granula".
Lag lange in der Truhe.
Es war ein goldener Käfig,
ich fühlte mich wohl
bei den anderen Körnern.
Der Herbst begann.
Da spürte ich eine rauhe Hand.
Dann ging alles sehr schnell:
Schaufel, Sack, Furche.
Da lag ich nun, von allen getrennt,
in der kühlen, feuchten Erde.
Ich sah niemand
von meinen geliebten Brüdern und Schwestern.
Nur die Erde umschloß mich.
Ich weinte.
Da hörte ich das Flüstern
der Mutter Erde:
„Hab Geduld, kleines Körnchen!
Draußen wird es Winter,
Schnee deckt uns zu,
und tief drinnen wird es warm sein.
Du wirst keimen, sterben
und neuen Weizen gebären.
Fünfzig Körner aus einem Korn!
Ist das nicht ein Grund,
sich zu opfern?"

Die Kerze Lucida

Ich lag lange in der Lade des Kaufmanns.
Wir redeten ständig, die langen, die kurzen,
die schmalen und die dicken Kerzen.
Wir träumten viel von unserer Zukunft.
Manche meiner Schwestern aus Wachs
dachten an Geburtstagstische,
wo sie stehen wollten.
Ich träumte von einem Grabhügel
und einer Laterne.
Endlich war es soweit.
Ein Griff, ein Rascheln!
Schon war ich unter den Arm
eines Mannes geklemmt.
Der trug mich auf den Friedhof hinaus.
Es war kalt.
Er steckte mich in eine Laterne
und zündete mich an.
Ich spürte, wie alles in mir
als Flamme wogte.
Der Wind begann die große Jagd.
Die großen Kerzen standen ungeschützt da,
empörten sich und erloschen.
An mich konnte der Wind nicht heran.
Die Menschen, die am Grabe standen,
freuten sich und sagten:
„Wenigstens eine Kerze, die leuchtet!"
Ich merke nicht,
daß ich kleiner und kleiner werde.
Ich gebe mein Wachs,
so wird mein Leben ein Leuchten.

Die Seele als Weltenschöpfer

Ich betrachte Männer und Frauen,
Kinder, Freunde, Gegner,
Firmament, Berge, Bäume
selten mit Gleichgültigkeit,
manchmal mit Angst,
oft mit Vertrauen.

Wie anders wirkt die Welt
am Tag des Hasses,
am Tag der Liebe,
am Tag der Angst,
am Tag des Vertrauens,
am Tag der Verzweiflung,
am Tag der Hoffnung.

Die Seele erschafft die Welt,
in der nichts gelingt,
in der uns alles belastet,
in der uns alles so schwerfällt,
in der wir dauernd „Warum?" fragen.

Und sie erschafft eine Welt,
in der wir uns wohl fühlen,
in der wir viel singen,
oft danke sagen und
alle anlächeln.

Nicht außen,
innen wird die Welt erschaffen.

Der Eine

Der Eine, All-Eine,
den Christen, Hindus, Muslime verehren,
will nicht den Streit
um die alleinseligmachende Religion,
sondern die Weisung unseres Meisters
Jesus Christus:
„Liebet einander!"
Wo wir lieben,
werden wir Gott
jenseits der Kulte und Dogmen
erkennen.

Jesus – der Menschensohn

O Gott!
Da du Mensch geworden bist,
ist das Werden und Wachsen
mindestens so dein Wesen
wie das Vollendetsein.

Du wirst Mensch!
Wie schält sich dein Wesen
aus menschlichen Gestalten und Augen heraus!
Wo wir im Gespräch sind mit dir,
stoßen wir an den Grund,
der dir und uns gemeinsam ist.

Wir erkennen für Augenblicke,
für Bruchteile von Sekunden,
für Stunden und Tage,
wie sehr wir zusammengehören.

Doch wir schieben dich
ins Jenseits der Dinge und Menschen.

Wo wir dich verdrängen,
werden wir Maschinen, Marionetten und Masken.
Gott, wir kommen von dir nicht los,
denn du bist Mensch geworden.
Wo wir vor dir fliehen,
entfremden wir uns unserer Seele!

Wenn Gott uns anschaut

Kinder richten dich
mit ihren Augen.
Sie schauen bis in deinen Grund.
Vor ihrem Blick
stürzen die Mauern ein,
hinter denen wir
unser Selbst verstecken möchten.
Sie zeigen uns,
wie am Anfang
Leib und Seele ineinandergehen.
Erst später
kommt die Trennung,
der Trieb, der Verstand.
Wenn Gott uns heimführt,
sind wir wie Kinder,
sind nichts
als Augen und Hände.

Kinder

Warum wenden wir uns den Kindern zu?
Sie sind Künstler.
Ihre Worte sind nicht verbraucht,
ihre Gesten sind natürlich,
ihre Blicke nicht gezielt.
Sie nehmen keine Rücksicht auf die Rolle
oder das Amt einer Person.
Sie lassen sich zu keinem Kuß überreden.
Sie wenden sich ab,
wenn sie jemand nicht mögen.

Im Anblick der Kinder
werden wir uns des Echten bewußt.

Das Gespräch mit den Gereiften

Aus ihnen spricht
ein ewiges Wort
in zeitlicher Sprache.
Ihre Seele ist schon lange
durch die Unterwelt gewandert
und nähert sich dem Licht.
Sie haben ein Gespür
für das Ewige bekommen.
So bleiben sie stark
trotz ihrer Schwächen.
So bleiben sie gläubig
trotz ihrer Zweifel,
bleiben geborgen
trotz ihrer Einsamkeit.

Spannung

Das Wirbeln der Füße beim Tanz
auf der Hochzeit
kurz vor Mitternacht –
und das seltsam ruhige Gesicht
der Urgroßmutter im Hintergrund,
deren Lebenskraft
sich aus den Quellen des Glaubens ernährt.

Die lächelnde Madonna

Sie steht in meinem Zimmer.
Ich sehe sie an in vielen Phasen des Lebens:
friedlos, ratlos,
gesichert, gestärkt.
Ich höre ihre Worte in der Stille:
„Sieh, ich bin die Magd des Herrn,
mir geschehe nach deinem Wort."
Sie baut mir eine Brücke
vom Ich zum Du.
Sie hilft mir,
das Todernste im Leben
heiter zu tragen.
Eine Antwort im Wort
gab sie mir nie.
Sie lächelt mich an.

Vertrau auf Gott!

„Vertrau auf Gott, er wird dir helfen,
hoffe auf ihn, er wird deine Wege ebnen.“
(Sir 2,6)

Du wirst Bücher lesen,
die deine Fragen beantworten.
Du wirst Menschen treffen,
die dich geistig fördern.
Du wirst zu Menschen geschickt werden,
die du mit deiner Erfahrung
aus dem Engpaß herausführst.
Du wirst dorthin reisen,
wo dich die Schönheit des Landes ergreift.
Du wirst in Gotteshäuser geführt werden,
die dir Frieden schenken.
Du wirst in Tagen der Not
Menschen finden,
die deine Seele heilen können.
Du wirst die Wege gehen,
wo du mir, deinem Gott,
in tausend Formen und Gestalten
begegnen wirst.

Ich habe „Gott“ gesagt

Ich habe „Gott“ gesagt,
nicht „Vampir, der unsere Freiheit aussaugt“.
Ich habe „Gott“ gesagt
und nicht „Moloch,
der uns eingibt:
Du mußt dich opfern!“
Ich habe „Gott“ gesagt
und nicht „Lückenbüßer,
der so lange sein darf,
bis ihn die Wissenschaft erklären kann“.
Ich habe „Gott“ gesagt
und nicht „Hampelmann,
mit dem man machen kann,
was man will“.

Ich bin für …

Ich bin für die Anbetung
vor dem Allerheiligsten,
für Litaneien,
für deutsche und lateinische Messen.

Ich bin aber auch
für die Kritik an der Kirche,
für die Ökumene aller Religionen,
für eine neue Ausbildungsform der Priester.
Ich bin für die freie Rede
aller Christen.
Ich bin für eine wirklich katholische,
das heißt für eine alle geistigen Strömungen
umfassende Kirche!

Friede

Nicht erwartet,
nicht für möglich gehalten,
nicht nur Ergebnis von tausend Schritten,
nicht nur durch Erkenntnis erfaßt,
nicht nur durch Gespräche errungen,
nicht nur durch Meditation erreicht:
Friede!

Miteinander

Zu einem Menschen stehen,
in allen Konflikten einen Weg suchen.
Keiner triumphiert,
und keiner unterliegt.
Sich gemeinsam der Stille anvertrauen.
Zwei Menschen, die dem Grund sich nähern.
Einander täglich fraglos annehmen.
Mit den Alpträumen der Angst fertig werden.
Einander das Wachsen erlauben,
miteinander lernen, Menschen zu werden.
Einander lieben,
nicht nur einander achten und schätzen
aufgrund von Leistung und Vermögen.
Einander im Alltag lieben,
das ist Missa sine nomine,
namenloser Gottesdienst!

Die Antwort Jesu

Ich bin der Auferstandene.
Ich bin das Leben.
Ich mußte das leiden,
um so zu meiner Weite zu kommen.
Ihr saugt euch am Leiden dieser Erde fest,
ihr redet oft von Krankheit,
berichtet breit über das Böse,
sprecht nur von Streitigkeiten und Schwierigkeiten.
Euch ist viel geschenkt,
doch ihr nützt euer Leben nicht.
Ich bin herabgestiegen,
nur ihr habt mich wieder hinaufgehängt.
Ihr habt vergessen,
mich vom Kreuz herunterzunehmen.
Ich bin für euch ein Schreckgespenst geworden.
Ihr habt das Leiden verherrlicht.
Zählt einmal in euren Predigten,
in euren Büchern und Gebeten,
wie oft vom Leiden,
wie wenig von Gemeinschaft,
von Freude und Glück die Rede ist.
Ich bin doch gekommen,
um euch den Weg
zu einem erfüllten Leben zu zeigen,
und nicht, um euch das Leben schwer zu machen!

Bahnhofshalle

Treffpunkt Bahnhof.
Menschen, die voneinander
Abschied nehmen:
aneinandergelehnt,
aneinandergeschmiegt,
aneinandergepreßt.
Liebende in einer Bahnhofshalle.
Einander erwärmen durch die Nähe,
die Kälte der Entfernung vorausahnend.
Was wird bleiben von den Worten?
Was ist Wahrheit? Was ist Lüge?
Was ist Empfindung? Was ist Phrase?
Was hält? Was trägt?
Worte, Geräusche, Versprechen, Tränen.
Bahnhofshallen,
gefüllt mit Zigarettenrauch,
dem Geschmack der Vergänglichkeit.
Stimmengewirr, vermischt mit Zugsignalen.
Was bleibt von unseren Reisen
zu den Herzen der Menschen?
Geleise, Weichenstellungen, Signale.
Schneller Kulissenwechsel.
Wie oft Abfahrt? Wie oft Ankunft?
Auf dem Weg sind wir alle.
Wohin?
Dorthin!

Bei Gott gibt es kein „Zu spät"

Ein neues Leben beginnen,
sich von neuem dem Menschen zuwenden.
Mit neuer Energie seine Arbeit tun.
Sich von neuem herausfordern lassen
von Menschen, von Umständen.
Das vergangene Gespräch loslassen können.
Nicht nur in Erinnerungen schwelgen.
Das Heute bedenken, heute handeln.
Mit neuem Mut sich den Schwierigkeiten stellen.
Von neuem sich dem Leben anvertrauen.
Von neuem den Menschen begegnen.
Von neuem Geduld haben und wissen,
daß nicht jeder meine Erfahrungen macht,
nicht jeder das gleiche Bewußtsein hat.
Daher von neuem miteinander reden und wissen:
Es braucht viel Zeit,
um den andern zu verstehen.
Von neuem das Leben als Schule begrüßen.
Von neuem das Leben als Tag und Nacht erkennen,
als Leid und Freude,
als Ruhe und Kampf,
als Kreuz und Auferstehung.

IV
Beten

Von mir zu dir

Worte,
Töne,
Bilder,
viel zu eng,
um Licht, Leben, Gott
zu fassen –
und doch so notwendig
zwischen mir und dir!

Gebet der Heimkehr

Um einige Verwundungen reicher,
um einige Entdeckungen weiter,
kehr' ich zurück zu dir.
Ich habe im Geflüster der Stimmen
dein Wort zu hören begonnen.

Gescheite Gedanken genügen nicht.
Wir brauchen Gespräche mit Gott.
Vieles klärt sich im Gebet.
Da wird der Gegensatz zur Ergänzung.
Feindschaft verwandelt sich in Verständnis.
Die äußere Not bleibt,
doch im Innern spürst du:
Einer trägt mit!

Heilsgeschichte

Gesucht –
gefunden.
Halleluja!

Gesät –
geerntet.
Halleluja!

Gelitten –
erlöst.
Halleluja!

Verblendet –
erleuchtet.
Halleluja!

Geirrt –
erkannt.
Halleluja!

Ausgesetzt –
heimgekehrt.
Halleluja!

Amen.

Kyrie eleison

Weltnachrichten,
private Gerüchte,
aneinandergereihter Wahnsinn.
Wo bleibt die gute Nachricht,
die frohe Botschaft?

Kyrie eleison!

Reden, streiten,
recht haben.
Besserwissen, kämpfen,
siegen.
Auseinandergehen.

Kyrie eleison!

Gescheite Erklärungen,
vertrauensvolle Gebete,
Konferenzen,
heilige Messen.
Wissenschafter, Priester,
Zusammenarbeit.
Verstehen?
Wann, wo und wie oft?

Kyrie eleison!

Erfolgreich, aber ehrlos.
Gescheit, aber friedlos.
Tüchtig, aber herzlos.

Kyrie eleison!

Angefüllt mit Gütern,
ausgefüllt mit Terminen,
doch unerfüllt im Herzen.

Kyrie eleison!

Die Einfachen,
die Demütigen
zeigen uns die Wege,
die zur Fülle des Lebens,
zu dir, zu mir,
zur Ewigkeit
führen.

Kyrie eleison!

Dein Reich komme

Monarchien,
Diktaturen,
Demokratien
sind gekommen.
Dein Reich komme!

Konzepte,
Reformen,
Erstarrung.
Dein Reich komme!

Fortschritt,
Wohlstand,
Engpaß.
Dein Reich komme!

Mutter Kirche,
Vater Staat,
Gesetze.
Dein Reich komme!

Gerichte,
Strafen,
steigende Kriminalität.
Dein Reich komme!

Begeisterte,
Enttäuschte,
Geführte,
Verführte.
Dein Reich komme!

Dein Reich komme
durch dich,
durch mich,
durch uns.

Dein Wille geschehe

Gottes Liebe ist Gottes Wille.
Gottes Wille ist Gottes Liebe!
Aus der Liebe stammt sein Wollen,
fließt seine Schöpferkraft.
Er will die Aussöhnung der Feinde,
die Entwicklung aller Menschen,
die Annäherung von Ost und West,
von Nord und Süd,
Nahrung für alle Menschen,
Verständnis der Religionen untereinander,
den Kampf gegen Krankheit und Elend,
die Förderung der geistigen
und seelischen Kräfte im Menschen.
Er will, daß alle Menschen glücklich werden.
Deshalb beten wir:
„Dein Wille geschehe!"

Herzensgebet

Wort Christi,
präge mich!

Geduld Christi,
trage mich!

Kraft Christi,
stärke mich!

Hände Christi,
ergreifet mich!

Freude Christi,
erlöse mich!

Atem Christi,
belebe mich!

Geist Christi,
erfülle mich!

Liebe Christi,
durchströme mich!

Jesus – das Lamm

„Seht das Lamm Gottes,
das die Sünde der Welt hinwegnimmt."
(Joh 1,29)

Ein Lamm,
nicht ein Löwe!
Er liebt,
er haßt nicht,
löscht nicht den glimmenden Docht.
Zerbricht nicht das Rohr.
Kein Fanatiker, kein politisches Programm.
Keine Strategie.
Kein Diplomat, kein Manager.
Ein Menschensohn,
ein Gottessohn,
ein Lamm.
Kein Machtmensch,
ein Lamm.

Jesus und unsere Maßstäbe

Du zerstörst unsere Maßstäbe.
Du verunsicherst uns.
Wir haben alles eingeteilt
in rechts und links,
in schwarz und weiß,
in gut und schlecht,
in gläubig und ungläubig,
in Mensch und Unmensch,
in Engel und Teufel.
Was fangen wir an mit deinen Worten:
„Richtet nicht,
damit ihr nicht gerichtet werdet"?

Vor Ihm

Altar im Licht,
Seele im Schatten.
Die Hände zittern,
die Gedanken eilen.

Nur Gott schaut
mit ewiger Ruhe mich an!

Gott ...

... wie der Strahl der Sonne,
die am Rand einer schwarzen Wolke aufleuchtet;
wie das Rauschen des Meeres
in der Ruhe der Nacht;
wie die Hand eines Menschen,
die mir Kraft zuströmt;
wie die Stille in einer alten Kirche.

Hymnus I

Ich lobe dich
mit den ausgebreiteten Armen des Abraham,
der mit seinem Gebet den Sieg errang;
mit dem Vertrauen des Mose,
der ein halb verhungertes Volk
durch die Wüste führte;
mit der Tapferkeit des David,
der den Goliat bezwang;
mit der Weisheit des Salomo,
dessen Rat Menschen retten konnte;
mit der Glaubensstärke des Jesaja,
mit der Berufung des Jeremia,
mit dem Bekenntnis der Makkabäer,
mit der Hoffnung der Israeliten,
die nach Babylon verschleppt wurden.
Ich lobe dich
mit der Wahrhaftigkeit Jesu.
Ich lobe dich
mit dem Gehorsam der Maria.
Ich lobe dich
mit der Hingabe der Apostel,
mit der Armut des Franziskus,
mit der Demut der Kleinen Brüder
und Schwestern Jesu.
Ich lobe dich
mit allen, die zu einem Nichts wurden,
um dich alles werden zu lassen.

Hymnus II

Wir preisen dich,
du Geheimnis der Barmherzigen,
du Geheimnis der Weisen,
du Geheimnis der Dichter,
du Geheimnis der Maler,
du Geheimnis der Musiker,
du Geheimnis der Liebenden,
du Geheimnis der Stillen,
du Geheimnis der Hoffenden,
du Geheimnis der Menschen!

Was mir auch fehlt

(Nach Psalm 23)

Was mir auch fehlt,
du bist bei mir.
Muß ich auch gehen
von Fremde zu Fremde,
du bleibst mir die Heimat.
Erleide ich Schmerz um Schmerz,
du gibst mir die Stärke.
Frag' ich auch „Warum?" und „Weshalb?",
du bleibst mir die Antwort
nicht schuldig.
Muß ich auch wandern
vom Diesseits ins Jenseits:
Du hältst mir die Hand.

Ich danke dir

Ich danke dir
für deine Geduld,
für dein Wissen
und meine Unwissenheit;
für deinen Frieden
und meine Unruhe.
Ich danke dir.
Du läßt mir Zeit.

Weil du da bist,
können wir irren
und doch den richtigen Weg finden.
Weil du da bist,
können wir fallen
und aufstehen.
Weil du da bist,
können wir uns selbst entfremden
und wieder heimkehren.

Weil du da bist,
gibt es kein „Zu spät".
Denn du bist vorher
und jetzt
und nachher.
Du bist da!
Ich danke dir.

Du bist bei mir

Du bist bei mir.
Du hörst mir zu.
Du nimmst mir die Angst.
Du schenkst mir Vertrauen.
Was ich auch tue,
du zeigst mir Verständnis.
Schrei ich auch oft:
„Du liebst mich nicht mehr!“,
du bleibst mir doch treu.

Ob ich bete oder grüble,
ob ich klage oder lobe,
bitte oder danke,
du bleibst bei mir,
mir näher,
als mein Herz mir sein kann.

Entlang meines Weges
Biographie als Meditation

1942 in Mühldorf bei Feldbach zur Welt gekommen. Mein Zuhause: eine kleine Landwirtschaft am Übergang vom Land zur Stadt. Kindsein auf dem Lande; Bäume, Bäche und Äcker regten meine Phantasie an. Ich liebte die Farbenspiele bei Sonnenuntergang. Ich spielte gerne mit den Nachbarskindern im Wald und auf den Wiesen. Eine Felsengrotte, eine Marienstatue... Früh begann mein Gespräch mit Gott. Im Beten fühlte ich mich zu Hause.
1949 Eintritt in die Volksschule. Der mühsame Kampf um die Buchstaben. In der ersten Volksschulklasse einem Priester begegnet, dessen väterliche Liebe unvergeßlich ist. Ich spürte das starke Verlangen, so wie er zu werden: ein Priester.
Lange Gebetszeiten in der Kirche. 1953 zog ich in das Knabenseminar in Graz. Heimweh! Bald voll integriert. Mehrere Phasen der Religiosität: Schwärmerei, Auflehnung und wieder volle Ergebenheit. Das Ideal eines Seelsorgers, „allen alles zu werden", erfaßt mich. Die Mantelteilung des heiligen Martin wird zum stets gegenwärtigen Vorbild für mich.
1961 Matura (Abitur). Theologiestudium in Graz.
Bald in Spannungen geraten: da die Bücher – dort die Menschen; da die Fragen – dort die Theorien!
In den Ferien Autostoppfahrten kreuz und quer durch Europa.

Vor der Priesterweihe die Sorge: Werde ich es durchstehen? Die Antwort eines alten Priesters, der viel hatte verkraften müssen: „Kinderl, wir sind schwach, aber Gott ist stark!"
In diesem Bewußtsein wurde ich 1966 im Grazer Dom zum Priester geweiht.

1966–1969 wirkte ich als Kaplan in der Industriestadt Mürzzuschlag. Kennenlernen, Übereifer. Sich im Dienst verausgaben; ständig herausgefordert sein von den Schülern und den Erwachsenen. Geben, immer nur geben. Auf notwendige Rückzüge vergessen. Alle miteinander versöhnen wollen. Gesprächsgruppen, ökumenische Runden, Jugendclub. Grenzenlose Seelsorge! Einschließen, nicht ausschließen!

Nach drei Jahren: mit der Studentenseelsorge beauftragt. Das Seelsorgespektrum verändert. Zusammenleben mit Studenten in einem Studentenhaus. Endlose Gespräche über Sinnfragen des Lebens, über die Notwendigkeit von Institutionen, über Reformen in Kirche und Gesellschaft. Meine Person wurde hinterfragt. Ständiges Bemühtsein um Glaubwürdigkeit! Eine Vielfalt geistiger Lebenseinstellungen kennengelernt: der Weg aus dem Ghetto. Begegnung mit Karl Graf Dürckheim in Rütte. Meditation als Weg zu mir selbst. Zusammenstoß von Ideologie und Selbsterfahrung. Lebensgefährlich viel Mitleid mit jeder Art von leidenden Menschen: mit politisch Verfolgten, Außenseitern, Süchtigen und Bettlern.

In dieser Gesinnung begann ich mit dem Pastoralassistenten Franz Weritsch die Telefonseelsorge in Graz aufzubauen. Zu keinem Selbstschutz fähig! Wurde gedrängt, mich mit meinem Selbst auseinanderzusetzen. Einsehen müssen, daß Immer-helfen-Wollen eine Form der Machtausübung werden kann. Bescheiden zur Selbsthilfe anregen!
Abschied von der Telefonseelsorge. Die Fragen werden drängender, die Antworten spärlicher.

Kaplan in der Innenstadt von Graz. Wieder im Mittelpunkt. Erwartungen konzentrieren sich auf meine Person. Die Türen des Herzens bleiben weit geöffnet. Anhänger – Enttäuschte – Suchende. Die Fragen wurden unabweisbar: Was zeige ich? Was will ich? Was geschieht um mich herum? Was ist Christsein? Was heißt: „Mensch, werde wesentlich!"?

Im Herbst 1978 überfiel mich plötzlich das Verlangen,

mich in das Zisterzienserstift Rein-Hohenfurth bei Graz zurückzuziehen. Zunächst ein Jahr Gast, zwischen Rein und Graz hin und her pendelnd. Dann einige Monate im Noviziat. Endlich Zeit für mich! In der Stille wurden jahrzehntelang erfolgreich verdrängte Fragen laut. Das Ringen um das Wesentliche wurde schmerzlich. Ich spürte, daß ich nicht mehr in mein früheres Bewußtsein zurückkehren konnte.

Von neuem Sehnsucht, den Menschen zu helfen. Schon immer zog mich die Krankenseelsorge an, daher Übertritt in den Orden der Barmherzigen Brüder. Zunächst Bedenkzeit, Kandidatur!

Was nun wirklich? Weltpriester? Ordenspriester? Ist mir mein Weg von außen vorgezeichnet, oder entsteht er aus meinem Wesen? Bin ich ein von außen oder ein von innen geleiteter Mensch? Grundfragen des Priesterbildes! Verbindung von Seelsorger, Schriftsteller und Mystiker!

In diesem Schwebezustand wurde ich gebeten, eine seelsorgliche Aufgabe außerhalb von Graz anzunehmen. Nach einer kurzen Bedenkzeit wurde ich Pfarrer der obersteirischen Landgemeinde St. Peter ob Judenburg.

Extreme Umstellung von der Großstadt auf Dorfebene! Alles kann mir als Lernprozeß dienen. Mein Leben ist ein Suchen, ein Finden und wieder ein Suchen.

Durch die jahrzehntelange, intensive Begegnung mit Menschen und mit geistigen Einstellungen wurde ich zum Niederschreiben meiner Gedanken angeregt. Verlangen nach Ausdruck – Tausende Seiten Tagebücher! Eines Tages Kontakt mit dem Theologen Josef Dirnbeck. Der Gedanke an Veröffentlichung. So entstand „Ich begann zu beten".

Empfehlungen habe ich einst mit Begeisterung gegeben. Heute weiß ich, wie wesentlich die Befolgung der Weisung ist: Du sollst dir kein Bild machen, weder von deinem Gott noch von dir, noch von der Kirche, noch von sonst etwas. Erstarrte Ideologien lösen Machtkämpfe, Glaubens- und Weltkriege aus!

Ein Rabbi sagte zu einem Suchenden namens Sussja: „Gott wird dich einst nicht fragen: Warum warst du nicht Mose?, sondern: Warum warst du nicht Sussja?" Ich möchte meinen Beitrag als Aufforderung, selbst zu suchen, und nicht als interessante Story eines Priesters verstanden wissen.

Abschließend die Einsichten des französischen Universitätsprofessors Marcel Legaut, der in die Einsamkeit eines Dorfes gezogen ist, um dort wesentlich zu werden: „Seinen eigenen Weg so finden, sein Leben so gestalten, daß es seiner Berufung gerecht wird. Sich dieser Berufung immer mehr bewußt werden, indem man den Anzeichen nachgeht, die in der Vergangenheit kaum bemerkt und ohne Einfluß blieben, jetzt aber durch die Geschehnisse hindurch immer deutlicher werden für alles, was man in seinem eigentlichen Menschsein bisher durchlebt hat: Dies ist der Weg zu einem geistigen Leben, wie es dem Menschen zukommt... Im Durchgang durch sich selbst erreicht der Gläubige GOTT."

Martin Gutl